Inhalt

Die soziale Verantwortung der Unternehmen

Kernthesen

Beitrag

Fallbeispiele

Weiterführende Literatur

Impressum

Die soziale Verantwortung der Unternehmen

F.Muretta

Kernthesen

- Die Gründe für das soziale Engagement von Unternehmen reichen von ethischer Überzeugung über die Verbesserung des Unternehmensimages bis hin zu ökonomischen Interessen. (3)
- Soziales Engagement von Unternehmen verspricht positive Auswirkungen auf die Identifikation der Kunden und der Mitarbeiter mit dem Unternehmen, auf das Betriebsklima und auf die Mitarbeiterzufriedenheit sowie eine starke Verankerung am heimischen Standort. (1),

(3)
- Das gesellschaftliche Engagement von Unternehmen ist keine Marketingstrategie, sondern eine Investition in die Gesellschaft, die sich positiv auf den wirtschaftlichen Erfolg auswirkt. (5)

Beitrag

Corporate Social Responsibility

Sowohl in den Wirtschaftswissenschaften als auch in der betrieblichen Praxis gewinnt der Begriff Corporate Social Responsibility - die soziale Verantwortung der Unternehmen zunehmend an Bedeutung. Gemeint ist - laut des Bundesministeriums für wirtschaftliche Zusammenarbeit und Entwicklung - das Bekenntnis der Privatwirtschaft zu sozial und ökologisch verantwortungsvoller Unternehmensführung. Die Unternehmen verpflichten sich dabei zur Beachtung sozialer, menschenrechts- und umweltrelevanter Grundsätze bei der Ausübung der Geschäftstätigkeit. Darüber hinaus geht es um die Förderung von Projekten außerhalb der eigenen Betriebsabläufe. (1), (2), (3)

Für das Schlagwort Corporate Social Responsibility finden sich in der Unternehmenspraxis zahlreiche verwandte Begriffe, wie Corporate Citizenship, Corporate Community Involvement, Corporate Volunteering oder Sustainability bzw. Nachhaltigkeit, die weitgehend synonym verwendet werden können. (1), (6)

Trotz der Schaffung neuer Begrifflichkeiten ist die Diskussion über die soziale Verantwortung der Unternehmen keineswegs ein neues Phänomen. Bereits im 19.Jahrhundert zeigten europäische und amerikanische Unternehmer gesellschaftliches Engagement, indem sie Bildungs-, Sport- oder Kultureinrichtungen finanziell unterstützten. Ihre Motivation bezogen sie einerseits aus religiöser oder ethischer Verpflichtung, andererseits versprachen sie sich einen gesteigerten unternehmerischen Erfolg. (1)

Soziale Verantwortung in der globalisierten Wirtschaft

Wir leben heute in Zeiten einer kapitalistischen globalisierten Wirtschaft mit multinationalen Konzernen, deren Einflussmöglichkeiten beständig wachsen, während die Bedeutung der Nationalstaaten stetig abnimmt. Da mit wirtschaftlicher Macht unmittelbar auch soziale Macht einhergeht, muss gesellschaftlich verantwortliches Handeln fest in jeder Unternehmensphilosophie verankert werden. (1), (2)

Die gesamtgesellschaftliche Zukunft hängt von der Nachhaltigkeit des Handelns aller Wirtschaftssubjekte ab. Ein verantwortungsvoller Umgang mit Umwelt und Ressourcen ist notwendig, um zukünftige Generationen nicht zu belasten. In einer modernen sozialen Marktwirtschaft darf deshalb die Arbeitsteilung zwischen Wirtschaft, Staat und Bürgern nicht derart organisiert sein, dass die Unternehmen lediglich produzieren, während der Staat sich um sämtliche gesellschaftlichen und sozialen Belange der Bürger kümmert. Die Rolle der Unternehmen in der Gesellschaft muss künftig den Gedanken der Nachhaltigkeit als wesentlichen Bestandteil beinhalten. Moderne Unternehmen sind zur Herstellung hervorragender Produkte bei gleichzeitiger Schonung der Umwelt und zur Übernahme gesellschaftlicher Verantwortung angehalten. (2), (5), (8)

Dabei muss das soziale Engagement eines Unternehmens keineswegs rein philanthropisch motiviert sein. Zahlreiche Beispiele belegen, dass sich erstens eine Erhöhung der Mitarbeiterzufriedenheit und eine Verbesserung des Betriebsklimas erzielen lassen und zweitens durchaus auch ökonomische Interessen verfolgt werden können. In den seltensten Fällen wird sich soziales Engagement negativ auf den Unternehmenserfolg auswirken. (1), (3)

Motivation der Unternehmen

Aus betriebswirtschaftlicher Sicht lässt sich eine entsprechende gesellschaftspolitische Maßnahme wie eine gewöhnliche Investition behandeln. Das heißt die jeweiligen Aktivitäten können mit Hilfe geeigneter Effektivitäts- und Effizienzkalküle bezüglich ihres Nutzen-Kosten-Verhältnisses bewertet werden. Gesellschaftliches Engagement dient damit ausschließlich primären Unternehmenszielen (z.B. Umsatz- oder Gewinnwachstum bzw. Wertsteigerung). In diesem Kontext sind gesellschaftspolitische Maßnahmen Instrumente zur Sicherung des langfristigen Unternehmenserfolges.

Im Wesentlichen bewirkt gesellschaftliches Engagement den Aufbau von Vertrauen und Reputation sowie die Legitimation in den Unternehmensumwelten. Folgende Wirkungen können differenziert werden:

- Gesellschaftliche Projekte können als Instrument

des Marketing angesehen werden. Der Aufbau von Vertrauen und Reputation wirkt sich positiv auf die Kaufentscheidung potentieller Kunden aus.

- Die durch entsprechende Maßnahmen aufgebaute Reputation stärkt die Arbeitgeberattraktivität. Die Mitarbeiter identifizieren sich mit dem Image des Unternehmens, die Bindung vorhandener Mitarbeiter verbessert sich.

- Reputation wirkt sich auch auf den Beschaffungsmärkten und bei Kooperationen positiv aus. Transaktionskosten, die bei Anbahnung, Abwicklung und Kontrolle entstehen, können gesenkt werden, da dem Unternehmen größeres Vertrauen entgegengebracht wird.

- Gesellschaftliches Engagement scheint schließlich auch zur Festigung der Position auf den Finanzmärkten geeignet zu sein. Kapitalgeber ziehen gesellschaftlich verantwortungsvoll handelnde Unternehmen vor, da sie diesen eine bessere Behauptung im Wettbewerb zutrauen. (1)

Fallbeispiele

Zu den Unternehmen, die sich schon seit längerer Zeit gesellschaftlich engagieren, gehören die Deutsche Bank und DaimlerChrysler. Während die Deutsche Bank jährlich etwa 67 Millionen Euro für gesellschaftspolitische Projekte ausgibt, unterstützt DaimlerChrysler in beachtlichem Maße den Kampf gegen Aids.

Der Pharmakonzern Bayer entwickelt gemeinsam mit der Weltgesundheitsorganisation ein neues Malaria-Medikament.

Der Softwarekonzern SAP finanziert vier Stiftungslehrstühle für Existenzgründung und Innovationsmanagement. (3)

Wenn ein Mitarbeiter der Deutschen BP AG eine Spende an eine soziale Institution entrichtet, stockt das Unternehmen die Summe um den gleichen Betrag auf. Ehrenamtliches Engagement der Mitarbeiter wird mit einer unternehmensseitigen Spende honoriert. (5)

Aber nicht nur für Großunternehmen scheinen Corporate Social Responsibility-Maßnahmen interessant zu sein. Gerade kleine und mittelständische Unternehmen können von den Auswirkungen ihres sozialen Engagements profitieren.

Betapharm aus Augsburg beispielsweise. Der Mittelständler investiert jährlich zwei Millionen Euro in soziale Projekte. Unter anderem unterhält das Unternehmen das Betafon, ein Call-Center, bei dem sich jeder Hilfesuchende Informationen zu Selbsthilfegruppen, Therapiehilfen und gesetzlichen Unterstützungsleistungen beschaffen kann. Daneben fördert Betapharm die Fortbildung von Apothekern, den Bunten Kreis und die Initiative mammaNetz. (7)

Weiterführende Literatur

(1) Kaiser, Stephan / Schuster, Michael, Corporate Citizenship - Eine betriebswirtschaftliche Betrachtung des gesellschaftlichen Engagements von Unternehmen, Wirtschaftswissenschaftliches Studium, Heft 11/2004, S. 669-672
aus Die SparkassenZeitung, 15.10.2004, Nr. 42, S. 4

(2) Macht's gut
aus brand eins, Heft 10/2004, S. 64-70

(3) Beise, Marc, Corporate Social Responsibility, Unternehmen verstärken soziales Engagement, Gesellschaftliches Interesse boomt wie selten zuvor / Konzerne und Mittelstand auf der Suche nach geeigneten Projekten, Süddeutsche Zeitung, 30.11.2004, Ausgabe Deutschland, S. 19

aus brand eins, Heft 10/2004, S. 64-70

(4) Netzwerker im Globalisierungsprozeß
aus Frankfurter Allgemeine Zeitung, 03.01.2005, Nr. 1, S. 18

(5) Unternehmen entdecken bürgerschaftliches Engagement
aus Frankfurter Allgemeine Zeitung, 11.10.2004, Nr. 237, S. 18

(6) Nachhaltigkeit contra Milton Friedman
aus Neue Zürcher Zeitung, 24.12.2004, Nr. 301, S. 19

(7) Profit mit Non-Profit
aus brand eins, Heft 10/2004, S. 56-62

(8) Gute Firma = guter Bürger
aus brand eins, Heft 10/2004, S. 72-75

(9) Die Trends 2005
aus Frankfurter Allgemeine Sonntagszeitung, 25.12.2004, Nr. 52, S. 25

(10) Arbeitgeber engagieren sich
aus Frankfurter Allgemeine Zeitung, 02.12.2004, Nr. 282, S. 13

Impressum

Die soziale Verantwortung der Unternehmen

Bibliografische Information der deutschen Nationalbibliothek

Die Deutsche Nationalbibliothek verzeichnet diese Publikation in der deutschen Nationalbibliografie; detaillierte bibliografische Daten sind im Internet über http://dnb.d-nb.de abrufbar.

ISBN: 978-3-7379-1600-4

© 2015 GBI-Genios Deutsche Wirtschaftsdatenbank GmbH, Freischützstraße 96, 81927 München, www.genios.de

Alle Rechte vorbehalten. Dieses Werk ist einschließlich aller seiner Teile – z.B. Texte, Tabellen und Grafiken - urheberrechtlich geschützt. Jede Verwertung außerhalb der Grenzen des Urheberrechtsgesetzes bedarf der vorherigen Zustimmung des Verlags. Dies gilt insbesondere auch für auszugsweise Nachdrucke, fotomechanische Vervielfältigungen (Fotokopie/Mikroskopie), Übersetzungen, Auswertungen durch Datenbanken oder ähnliche Einrichtungen und die Einspeicherung und Verarbeitung in elektronischen Systemen.